I0232985

L'AMI

COMME IL Y EN A PEU,

COMÉDIE

EN PROSE ET EN TROIS ACTES.

Représentée sur le Théâtre du Palais Royal, au mois de Mai 1786,

BIBLIOTHEQUE ROYALE

A BRUXELLES,

Et se trouve à PARIS,

Chez tous les Marchands de Nouveautés,

M. DCC. LXXXVI.

YTh 629

YTh 629

PERSONNAGES

EMILIE, femme de Florval,	*Mademoiselle Foret.*
FLORVAL,	*Mr. St. Clair.*
VALERE, ami de Florval,	*Mr. Maillet.*
FLORIMOND, pere de Florval,	*Mr. Duval.*
Mr. DE VIEUFORT, Uche Négociant,	*Mr. Beaulier.*
Mde. DUVAL, Hôtesse,	*Mde. Verdier.*
CHAMPAGNE, Laquais,	*Mr. Boucher.*

La Scene se passe à Paris dans une salle commune d'un Hôtel garni.

L' A M I

COMME IL Y EN A PEU.

ACTE PREMIER

SCENE PREMIERE.

M. DE VIEUFORT, Mde. DUVAL.

M. DE VIEUFORT.

MA foi , Madame Duval on meurt d'ennui dans cette maison, tout le monde y pleure ; croyez-moi , abattez votre enseigne , & mettez sur un grand écriteau , que c'est ici l'hôtel de la tristesse.

Mde. DUVAL.

Tout le monde n'a pas sujet d'être aussi gai que vous , Monsieur.

M. DE VIEUFORT.

Parbleu, tampis; j'aime à rire moi, & toutes ces mines allongées m'affligent. Que faites-vous, par exemple, de ce grand jeune homme qui paroît plongé depuis quelques jours dans une affreuse mélancolie ?

Mde. DUVAL.

C'est un Gentilhomme dans l'indigence.

M. DE VIEUFORT.

C'est fort bien fait d'être Gentilhomme, mais c'est une sottise d'être gueux.

Mde. DUVAL.

Il n'a pas toujours été dans cet état; il paroissoit dans l'opulence lorsqu'il est venu loger chez moi : le jeu, le faste, la mauvaise compagnie l'ont ruiné; mais on dit que les gens de condition ont toujours des ressources, & Florval a de bons titres de noblesse.

M. DE VIEUFORT.

Hé bien! dites-lui qu'il les porte à la bourse.

Mde. DUVAL.

Ah ! Monsieur.

M. DE VIEUFORT.

Oui, il verra s'ils ont du cours sur la place,

& à quel denier on pourra les mettre. On ne vit pas de vieux parchemins. Crois-moi, mon enfant, c'est une folie de périr d'inanition, lorsqu'on a deux bons bras qu'on peut exercer.

Mde. DUVAL.

Quoi ? vous voudriez que des Gentilhommes, la bêche à la main.....

M. DE VIEUFORT.

J'aimerois mieux à la vérité, leur voir un mousquet; c'est un métier plus noble que tous leurs ancêtres. Servir la Patrie, est leur premier devoir, c'est celui de tout Citoyen ; mais notre bon Roi, pour qui je verserois moi-même tout mon sang, ne peut employer tous les Nobles de son Royaume ; & ceux qui, sachant que la nature a placé leur subsistance à quatre pouces de la terre, mettent de la dignité à mourir de faim, plutôt que de se baisser & la cueillir, sont des insensés qu'il faudroit mettre aux petites-maisons.

Mde. DUVAL.

Voilà bien le langage de ceux qui n'ont besoin de rien.

M. DE VIEUFORT.

Ce n'est pas que je méprise la noblesse, je deviendrai noble aussi si j'en ai la fantaisie.

Mde. DUVAL.

Vous, Monsieur ?

A 3

M. DE VIEUFORT.

Oui, moi, tout comme un autre. Mon pere n'étoit qu'un Négociant; mais qu'importe? J'ai de l'argent, j'achette une charge, & me voilà noble. Je ferai pire, fi on me fâche, je me marirai, j'aurai une fille, & je la marierai à la Cour. Parbleu, quand on a fa fille à la Cour, on eft Gentilhomme, ou on ne l'eft jamais.

Mde. DUVAL.

Vous en avez déja les fentiments, les manieres.....

M. DE VIEUFORT.

Pas trop, car je paye mes dettes, & je n'ai point de morgue.

Mde. DUVAL.

Je veux dire que vous êtes noble, généreux.....

M. DE VIEUFORT.

Généreux comme le Roi : tiens, il y a quelques jours qu'un de ces grands Seigneurs que tu eftime tant, vint me trouver, & me fit un compliment fingulier. » Ah Monfieur ! vous ferez » furpris de ma demande, je n'ai pas l'honneur » d'être connu de vous ; je m'appelle le Marquis » de la Branche, & je viens vous emprunter de » l'argent».

Mde. DUVAL.

Et que dîtes-vous à cela ?

M. DE VIEUFORT.

» Monſieur, vous le ſerez encore plus de ma
» réponſe; je ne vous connois pas, je m'appelle
» Miévre, & je m'en vais vous en prêter. « (*Il*
rit.)...ah, ah, ah.

Mde. DUVAL.

La réponſe vaut de l'or.

M. DE VIEUFORT.

Elle lui en valut auſſi ; je lui prêtai deux ou trois
cents piſtoles. Il eſt vrai qu'il ne s'eſt pas donné
la peine de venir me remercier ; mais c'eſt un
ami que je me ſuis fait. Toutes les fois que je le
rencontre au ſpectacle ou ailleurs, il me fait un
grand ſigne de tête, en me diſant, eh! bonjour
mon ami Miévre.

Mde. DUVAL.

Une choſe m'a ſurpriſe dans votre récit; ce
nom de Miévre.

M. DE VIEUFORT.

C'eſt celui de mon pere, qui n'a pas eu l'eſprit d'en changer. Comme on tient plus à ſes biens
qu'à ſa famille, & que l'uſage veut qu'on quitte
les noms de ſes ancêtres pour celui de ſes terres,

c'eſt ce qui fait que je me fais appeller M. de Vieufort, nom de l'une de celles que j'ai gagnées par mon travail.

Mde. DUVAL.

Hé bien „ M. Miévre de Vieufort, je loue votre généroſité ; mais ces deux ou trois cents piſtoles, auroient été mieux employées à ſoulager quelque malheureux indigent..... Florval par exemple.

M. DE VIEUFORT.

Bon, ne voudrois-tu pas que je fuſſe humain comme les gens du peuple ? il faut ſe diſtinguer une fois ; d'ailleurs quand on eſt pauvre, il faut être poli, & ton Florval ne daigne pas ſeulement me ſaluer, moi qui fais ici une auſſi grande figure qu'un parvenu..... j'aime mieux cette jeune perſonne qui vit avec lui ; elle eſt intéreſſante celle-là ; mais elle pleure toûjours, c'eſt apparemment ſa maîtreſſe.

Mde. DUVAL.

Eh ! Monſieur, pouvez-vous avoir de tels ſoupçons d'une perſonne ſi vertueuſe ? elle eſt ſa femme ; on dit qu'il l'a épouſée à Toulouſe contre le gré de ſes parents, & que c'eſt là l'origine de ſes malheurs. Si vous connoiſſiez ſon caractere comme moi.....

M. DE VIEUFORT.

Tout cela eſt bel & bon ; mais croyez-moi, défaites-vous de ce triſte ménage, cela porte malheur.

Mde. DUVAL.

Il est fort indifférent pour mon commerce d'avoir des gens gais ou tristes.

M. DE VIEUFORT.

Oui, mais non, des gens gueux ; car encore faut-il que l'on paye, & je parie.....

Mde. DUVAL.

Ils ne m'ont rien donné depuis quelque tems à la vérité, mais je n'ai pas le courage de leur demander ce qu'ils me doivent. Cette pauvre femme a renvoyé tous ses domestiques. Obligée de se servir elle-même, je la surpris l'autre jour préparant de ses mains, peu accoutumées à cet emploi, quelques alimens pour son mari, & sans Valere.....

M. DE VIEUFORT.

C'est l'ami de Madame, celui-là.

Mde. DUVAL.

C'est un honnête homme que je crois incapable de bassesse.

M. DE VIEUFORT.

Honnête homme tant qu'il vous plaira, mais ce n'est pas l'ami qu'il lui faut, puisqu'il la laisse dans la misère : enfin, Madame Duval, je voudrois chez vous un peu plus de gaieté.

Mde. D U V A L.

Mais, Monfieur, cet étranger que vous m'avez
amené, n'eft gueres plus enjoué.

M. DE VIEUFORT.

Je l'ai connu dans l'Amérique ; il acquéroit
de la gloire, lorfque j'acquérois de l'argent, &
je fuis plus gras que lui, n'eft-il pas vrai ? il arrive à Paris pour je ne fais quelle affaire, un de
mes correfpondans lui a donné une lettre de crédit
fur moi, & me l'a recommandé ; mais je ne fais
qu'en faire, il eft fi trifte ! écoutez, s'il me demande, vous lui direz que je vais chez mon ban-
quier, & que je viendrai le prendre pour le me-
ner au fpectacle, cela pourra l'égayer. Au revoir
Madame Duval.

S C E N E   I I.

Mde. DUVAL, VALERE, EMILIE.

Mde. D U V A L.

M Adame.

EMILIE.

Je fais ce que vous demandez, ne foyez point
inquiete, Madame Duval, bientôt....

Mde. DUVAL.

Hé non, Madame, je ne vous demande rien, je ne fuis inquiete que de votre fanté : vous me devez, vous n'êtes point en état de me payer, tout eft dit. J'attendrai, je ferai plus ; fi vous le permettiez...... j'ai quelqu'argent...... Si vous vouliez agir fans façon.....

EMILIE (*à part.*)

Dieu !

VALERE.

Madame Duval, votre zele eft digne d'éloge ; ne foyez point en peine de ce qui vous eft dû, je vous payerai avant la fin du jour, je vous en donne ma parole.

SCENE III.

EMILIE, VALERE.

EMILIE.

VOus voyez l'aviliffement où je fuis réduite. Mon indigence devient publique, & la honte eft moins fupportable que la mifere. Je veux fortir de cette maifon, je veux payer cette femme cruellement généreufe. Hélas ! j'ai vendu fucceffivement tous mes effets, il ne me refte plus que ce

bijou (*montrant sa bague*) c'est le premier gage
de la tendresse de Florval. J'avois juré de ne m'en
défaisir qu'à la mort. Si j'osois vous prier.....

VALERE.

Vous n'en êtes point encore à cette extrémité.
On pourra sans ce moyen.

EMILIE.

Eh ! ne me forcez pas à me servir encore de
ces ames avides & barbares, qui partagent avec
d'autres fripons la dépouille des malheureux, &
leur vendent même le droit de les voler. Si vous
saviez quel prix ils ont mis aux effets que j'ai
été forcée de leur céder !

VALERE.

Ah ! je le crois ; une fatalité attachée aux besoins
& qui les rend encore plus affreux, c'est qu'ils sem-
blent anéantir la valeur même de ce qu'on possède.
(*à part*) Il faut au moins lui sauver cette bague
qui lui est si précieuse. (*haut*) donnez, je remplirai
vos vues.

EMILIE.

L'argent que vous pourrez en tirer servira du
moins à m'acquitter.

VALERE.

Mais pourquoi vous livrer au désespoir, les
tems changeront.

EMILIE.

Et mon état n'en deviendra que plus malheureux, Florval a contraÔé des dettes qu'il ne peut
acquitter. On lui a fait figner des lettres de change
dont le terme eft expiré.

VALERE.

J'ai fufpendu jufqu'ici les pourfuites de fes créanciers, je les verrai, j'obtiendrai du tems encore;
du moins je l'efpere..... Hélas! pourquoi la fortune
a-t-elle mis des bornes à mon zele.

EMILIE.

Je connois les facrifices que vous avez faits à
l'amitié. Vous vous êtes même chargé de quelques
dettes que vous pouviez acquitter. Votre probité
ne vous permet pas de contraÔer des engagemens
au-deffus de vos forces. Si tous ceux à qui il pro-
diguoit le nom d'ami, avoient une ame comme
la vôtre, nous ne ferions pas fans reffources.

VALERE.

Hé quoi! vous n'avez aucun parent dont vous
puiffiez folliciter le fecours?

EMILIE.

Non, le ciel m'a refufé la confolation de connoître l'auteur de mes jours. J'étois au berceau
lorfque mon pere mourut, & il ne me laiffa pour
tout bien que les foins d'une tendre mere. Je la
perdis, dans le temps que fon fecours m'étoit
le plus néceffaire. Mon état, ma jeuneffe, mon
innocence exciterent la compaffion d'une femme

vertueufe ; c'étoit la mere de Florval : elle me reçut dans fa maifon, & m'éleva avec fon fils. O tems à jamais cher à ma mémoire, nous nous voyons tous les jours fans obftacle ; notre cœur s'ouvrit infenfiblement à l'amour fans le connoître. Elle mourut cette femme refpeҫtable, & je ne pus demeurer avec décence dans cette maifon. On nous fépara, ce fut alors que nous nous furprîmes des fentiments que nous ignorions. Florval eut l'imprudence de faire l'aveu d'un penchant qu'il ne croyoit point criminel. Il m'offrit fa main contre le gré de fes parens.....

VALERE.

Et vous eûtes l'imprudence de l'accepter ?

EMILIE.

La crainte de le perdre, ma tendreffe, fes fetmens, fes pleurs, que vous dirai-je enfin ? Ma raifon s'égara, mes yeux fe fermerent fur l'avenir, & je m'unis à lui par des liens indiffolubles. Le pere qui étoit employé dans les colonies, apprit bientôt ce myftere. Juftement irrité, il fit fortir fon fils de fa maifon, après lui avoir fait livrer les biens de fa mere. Mon époux quitta fa patrie, changea fon véritable nom : enfin, fous ce nom emprunté, il m'a conduite à Paris, où il a diffipé cette fucceffion affez confidérable.

VALERE.

Il vous refte, Madame, les reffources de la vertu & la tendreffe d'un époux.

E M I L I E.

Je crains de l'avoir perdue : hélas! ce n'eſt plus
cet amant tendre, ſoumis, complaiſant, c'eſt quelquefois un maître dur & farouche. Il ne me cherche plus, il m'évite, la miſere a aigri ſon caractere, & réveillé dans lui une jalouſie qui m'of-
fenſe, & que je ne lui connoiſſois pas. Tout ce
qui m'approche lui fait ombrage, & vous êtes
le ſeul....

V A L E R E.

Ah ! mon cœur doit lui être connu ; mais je
ne ſais par quel motif il ſe refuſe à la ſeule con-
ſolation qui lui reſte dans ſes malheurs, celle de
verſer ſes chagrins dans le ſein de l'amitié ? Il ſem-
ble s'éloigner de moi, il me rebute ; & ſi je lui
étois moins attaché.....

E M I L I E.

Ah ! ne l'abandonnez pas, ami généreux ; c'eſt
en vous ſeul que j'ai encore quelque eſpérance. Pardonnez lui des torts dont ſon cœur n'eſt point
coupable. Il vous aime, il me l'a dit cent fois.
Ne lui retirez pas vos conſeils dans l'état affreux
où il ſe trouve.

V A L E R E.

Raſſurez-vous, Madame. Eût-il des torts mille
fois plus grands encore, j'oublie tout dès qu'il eſt
malheureux... Madame, eſſuyez vos pleurs. (*à part*)

Tendre amitié , faifons notre devoir ! (*haut*) Je
vais exécuter vos ordres..... (*à part*) Ah ! fi la pauvreté eft affreufe , c'eft de mettre l'homme dans
l'impuiffance de foulager les infortunés,

SCENE IV.

EMILIE, FLORVAL.

FLORVAL.

UN homme fort d'auprès de vous.

EMILIE.

C'eft votre ami.

FLORVAL.

Des amis ! en eft-il dans l'indigence ?

EMILIE.

Il n'en fut jamais de fi tendre ; diftinguez-le de
cette foule d'amis perfides. Comblés de vos bienfaits , ils vous ont eux-mêmes entraîné vers l'a-
bîme , & ils vous repouffent aulieu de vous prêter
une main fecourable. Ah , quelle différence ! vos
malheurs , loin d'affoiblir fon amitié, femblent lui
donner une nouvelle activité.

FLORVAL.

De qui parlez-vous donc ?

EMILIE

EMILIE.

Votre cœur devroit vous l'avoir nommé ! quel
autre que Valere ? ....

FLORVAL.

Eh ! que m'importe l'amitié ftérile qu'il daigne
m'accorder & qui m'avilit encore ? croyez que fi
la médiocrité de fa fortune ne lui donnoit un
prétexte de me refufer tout fecours, vous le ver-
riez auffi dur, auffi barbare que les autres. Il abufe du
privilege de fon état pour m'accabler de fa morale, &
ne me fait valoir fa prétendue amitié que pour avoir
le droit de m'humilier par fes leçons , & pour
jouir cruellement de l'avantage que mes fautes
femblent lui donner fur moi : c'eft par amour
propre qu'il me refte encore attaché... Vous paroiffez
furprife....... vous le voyez peut-être d'un autre
œil.....

EMILIE.

Oui, je le vois d'un autre œil , & je crois le
mieux connoître.

FLORVAL.

Vous?

EMILIE.

Cher Florval, j'admire combien vous êtes ingé-
nieux à augmenter vous-même votre infortune :
vous vous refufez aux douceurs de l'amitié dans le
tems qu'elle vous eft fi néceffaire. Vous accufez

B

de diffimulation l'ame la plus honnête. S'il ne peut nous donner des fecours, fes confeils peuvent du moins nous être utiles dans l'état affreux où nous fommes réduits. Echauffés, aigris, troublés par la douleur & le défefpoir, quel parti pouvons-nous prendre de nous-mêmes? Ecoutons un ami, il ramenera notre raifon égarée. Si vous faviez avec quel intérêt......

FLORVAL.

Je ne doute pas qu'il ne prenne intérêt à ce qui vous touche, Madame; laiffons là cet homme que vous défendez avec trop de chaleur. Je vois bien que mes malheurs ont agi fur vous-même. Vous ne tenez plus à moi que par des liens que vous abhorez peut-être en fecret. Votre ame dont la fenfibilité s'eft ufée par mes difgraces, cherche autour d'elle des objets pour fe diftraire, & Valère....

EMILIE.

Dieu! quel reproche! Florval! ô mon époux! eft-ce vous qui me tenez ce langage? Ingrat! & que n'ai-je pas fait pour te plaire! tu m'as arraché à mon repos; tu m'as affocié à ton fort funefte; tu m'as entraînée dans une ville étrangere; je t'ai vu t'éloigner de moi, fuivre des confeils dangereux, diffiper l'héritage de ta mere; je t'ai vu.... je t'offenfe.... Pardonne, c'eft la premiere fois que ma bouche s'ouvre au reproche.... j'ai fouffert, tu le fais, j'ai pleuré dans le filence.... Ingrat! parle, parle, mes plaintes ont-elles jamais frappé tes oreilles?

FLORVAL.

On vient , qu'on ne s'apperçoive point de vos pleurs. Rentrez....

SCENE V.

Mde. DUVAL, FLORVAL.

Mde. DUVAL *la regardant aller.*

SA situation me fend le cœur ; la pauvre femme ! je parie que vous l'avez maltraitée encore.... au lieu d'adoucir ses chagrins..... que n'est-elle plutôt la femme de Valere, de ce galant homme ! ..... Ah ! sans lui elle seroit morte de tristesse mille fois.

FLORVAL.

Il vient donc la consoler en mon absence ?

Mde. DUVAL.

Tous les jours , & il y réussit, car elle me paroît moins triste quand elle le voit. Vous devriez être bien reconnoissant des soins de ce tendre ami.....

FLORVAL.

Je le suis beaucoup, Madame Duval..... *(à part)*

Tous les jours ! ..... & elle paroît moins triste ! ....
pourquoi en mon abfence ? .....

Mde. DUVAL.

Il a plus de foin d'elle que vous. Auffi elle ne
manquera de rien.

FLORVAL.

Je ne vous entends pas.

Mde. DUVAL.

Je le crois bien, car vous ne vous en fouciez
gueres, tant il y a qu'il doit me payer aujourd'hui.

FLORVAL.

Lui ?

Mde. DUVAL.

Lui-même, il m'en a donné fa parole & j'y
compte.

FLORVAL.

Vous payer ? pour ma femme ?

Mde. DUVAL.

Et pour vous auffi. Voilà ce qu'on appelle un
ami. Vous ne vous attendiez pas à cela ?

FLORVAL.

Non affurément..... (à part) Quels horribles
foupçons.... Emilie.... Il ne manque plus que cet

affront......... Quoi, Valere auroit ofé!....

Mde. DUVAL.

Je l'entends. Vous allez juger par vous-même.

FLORVAL.

Je ne veux pas le voir en ce moment, je vais penfer aux moyens de m'acquitter avec lui ; ne lui dites pas que je fuis inftruit de fa générofité ; fuivez-le s'il entre chez Emilie, je vous rejoins dans le moment. (*il fort*)

Mde DUVAL.

Le pauvre homme ! il s'en va tout réjoui ; mais voyez fa délicateffe, il ne veut pas être inftruit, pour laiffer à fon ami le plaifir de le furprendre.

SCENE VI.

Mde. DUVAL, VALERE, un VALET.

VALERE *à part.*

ENfin, j'ai réuffi, & malgré mon indigence, j'ai eu le plaifir de rendre un fervice à mon ami. (*haut*) Emilie eft-elle dans fon appartement ?

Mde. DUVAL.

Oui Monfieur.

VALERE.

Tenez, vous lui remettrez cette bague.

M. DUVAL.

Oui Monfieur.

Mde. DUVAL.

Champagne ?

LE VALET.

Madame.

M. DUVAL.

Porte ce bijou à Emilie de la part de Monfieur..... Vas donc.... (*à part*) cette chere femme!
comme elle fera bien-aife.

VALERE.

J'ai mis entre les mains de votre mari , ce que
mon ami vous doit & au-delà. Vous garderez le
furplus de cet argent pour l'avenir.

Mde. DUVAL.

(*à part*) L'honnête homme! (*haut*) Ne vou-
lez-vous pas entrer ?

VALERE.

Non, je ne puis m'arrêter.

Mde. DUVAL.

Allez Monfieur , le ciel benira vos actions.
(*au valet qui revient.*) Hé bien !

LE VALET,

Elle a reçu cette bague fans rien dire , & je
l'ai laiffée griffonnant fur fon papier.

Mde. DUVAL.

Monte chez le bonhomme Florimond , demande
lui s'il veut encore dîner tout feul dans fa chambre. Dits-lui que M. de Vieufort eft forti , &
qu'il reviendra bientôt; tu retourneras chez Emilie
favoir fi elle a befoin de quelque chofe. (*il fort*)

SCENE VII.

Mde. DUVAL, FLORVAL.

FLORVAL *entre en rêvant , la tête baiffée , le
chapeau fur les yeux & vient heurter* Mde. Duval.

FLORVAL.

Hé bien ! que vous dit Valere ?

Mde. DUVAL.

Demandez plutôt ce qu'il a fait; on ne trouve
plus des amis de cette efpece.... En vérité, il faut

que vous ne foyez pas capable de bons procédés ;
puifque vous ne voulez pas y croire.... Je vous
l'avois bien dit.... Là, êtes vous convaincu ?

FLORVAL.

De quel galimathias étourdiffez - vous mon
oreille ? (*avec vivacité*) Que vous a-t-il dit ?

Mde. DUVAL.

Peu de chofe dans le fond ; mais chaque parole valoit de l'or.... « Je donne à Emilie.... J'ai
« donné à votre mari & je donne, j'ai donné » ;
y a-t-il rien de plus riche que ces mots là ?

FLORVAL.

Expliquez-vous encore un coup.

Mde. DUVAL.

Vous me devez depuis le tems que vous avez ceffé
de me payer, fix cents....

FLORVAL.

Eh ! laiffez-là ce compte, je vous payerai fi je
vous dois.

Mde. DUVAL.

Non, vous ne me payerez pas, car vous ne me
devez rien.

FLORVAL.

Comment !

Mde. DUVAL.

Valere.....

FLORVAL.

Hé bien ?

Mde. DUVAL.

Hé bien, Valere , votre ami.

FLORVAL.

Il vous a payé ?

Mde. DUVAL.

Justement.

FLORVAL.

Et vous avez pu recevoir ? .....

Mde. DUVAL.

Bon , ce n'est là que la moindre de ses galan-
teries, il a fait un présent à Emilie....

FLORVAL.

Un présent.

Mde. DUVAL *avec joie.*

Il m'a remis.... devinez.

FLORVAL *à part.*

Un présent !

Mde. DUVAL.

Une bague d'un beau & gros diamant.... *Elle rit* ah, ah, ah.

FLORVAL.

Pour ma femme ? .... Quoi ! vous osez vous prêter à une telle infamie? ..... *brusquement.* Donnez-moi cette bague.

Mde. DUVAL.

Je la lui ai fait remettre dans le moment.

FLORVAL *avec un cri*.....

Et elle la reçue ! ah ! mon malheur est au comble. (*Il se promene avec agitation*....) Perfide ! .... tu ne porteras pas loin... (*à madame Duval qu'il rencontre.*) Retirez-vous.

Mde. DUVAL.

Voyez donc ! quelle fureur le transporte ! écoutez donc.

FLORVAL.

Laissez-moi.

Mde. DUVAL.

Vous ne m'avez pas compris.

FLORVAL.

Laissez-moi.

Mde. DUVAL,

Vous penfez peut-être que cette bague eſt un préſent qu'un galant fait à votre femme? Fi; Monſieur, pouvez-vous croire Valere capable de ſervir une pareille intrigue? cela eſt horrible! elle eſt à lui la bague.... c'eſt lui qui en fait préſent à Emilie. (*Florval fait un mouvement de fureur.*) Oh! quel homme! fuyons, il me fait trembler.

SCENE VIII.

FLORVAL, UN VALET.

FLORVAL, *il ſe promene, fait des exclamations.*

Ciel! eſt-il poſſible! voyons comment elle oſera ſoutenir ma préſence. *Il s'avance bruſquement vers la chambre, rencontre un Valet qui court, une letttre à la main, le heurte & le renverſe......* Où eſt Emilie?

LE VALET.

Vous avez penſé me faire rompre le col. Elle eſt ſortie.

FLORVAL.

Où va-t-elle?

LE VALET.

Je ne fais.

FLORVAL.

Quel papier tiens-tu là ?

LE VALET.

C'eſt une lettre.

FLORVAL.

De qui ?

LE VALET.

De Madame.

FLORVAL.

Donne.

LE VALET.

Ce n'eſt pas pour vous, Monſieur, elle m'a dit de la remettre à M. Valere lorſqu'il reviendra.

FLORVAL.

(*Il lui arrache la lettre.*) Donne ; te dis-je..... (*Il la lit avec précipitation, les mains tremblantes de colere.*) « Pourquoi confier à des domeſtiques ce » premier gage de la tendreſſe , de ce que » j'ai de plus cher au monde ? » (*Il répete.*) Ce gage.... de la tendreſſe de ce que j'ai de plus cher ! ce diamant.... gage de la tendreſſe de Valere ! de ce que tu as de plus cher ! Perfide ! ... (*il continue.*) » Il falloit l'apporter vous-même. Florval m'a tenu » des diſcours qui m'épouvantent. Venez tendre &

» généreux ami ! (*Il répete.*) Tendre & généreux
» ami , venez raſſurer ſon eſprit & le mien ; puiſ-
» que vous n'avez pu réuſſir dans vos recherches,
» je ſors pour en faire moi-même. Je porte cette
» bague qui m'eſt ſi précieuſe.... » *Il déchire la*
lettre avec fureur.... Hé bien , fortune cruelle, ſuis-
je aſſez malheureux ! ta rage n'eſt-elle point aſſou-
vie ? Ciel qui me perſécute, termine enfin tous
mes maux, en m'écraſant de ta foudre. Je vais juſ-
tifier tes rigueurs ; cette main ſaura me venger
des coupables qui m'outragent, & tu pourras dé-
ſormais me punir ſans injuſtice.

Fin du premier Acte.

ACTE SECOND.

SCENE PREMIERE.

EMILIE.

IL est entré.... il m'a demandée.... il est sorti en colere.... Il a parlé à l'hôtesse, & cette femme ne revient point : que lui a-t-il dit ? ..... Florval ! ah ! que vous êtes changé ! qu'est devenu ce tems, où sans cesse attaché à mes pas, vous vous reprochiez les instants qui pouvoient vous séparer d'Emilie ! où vous oubliez dans ses bras toutes vos disgraces ! où vous mêliez des larmes délicieuses à celles que sa tendresse lui faisoit répandre ; parens, amis, patrie, elle vous tenoit lieu de tout. Emilie étoit pour vous l'univers... Mais où est-il ? que fait-il à présent ? ..... Si poussé par la dureté des hommes, il alloit.... dissipez-vous.... soupçons cruels, je le vois venir. La joie rentre dans mon ame : (*Elle court à lui les bras levés pour l'embrasser ; il la repousse avec violence, & comme elle est prête à tomber, il lui prend le bras & la soutient chancelante, de sorte que cette situation fasse tableau. Dans le cours de la scene elle s'approche insensiblement d'un fauteuil où elle s'appuie.*

SCENE II.

EMILIE, FLORVAL.

FLORVAL *la repouſſant.*

Eloignez-vous de moi.

EMILIE.

Juſte Ciel !

FLORVAL.

Tu l'implores en vain ce Ciel que ta conduite outrage.

EMILIE.

Qu'ai-je donc fait ?

FLORVAL.

Opprobre de ma vie ! c'eſt toi qui as cauſé tous mes malheurs ; tu as connu l'art de la ſéduction dès ton enfance ; tu as tendu des pieges à ma jeuneſſe, enivré ma raiſon, trompé mon eſpérance ; tu m'as arraché des bras paternels ; tu m'as attiré la haine & la malédiction du meilleur des peres ; tu m'as conduit d'abîme en abîme.... Malheureuſe ! & tu me couvre d'infamie.

EMILIE.

O mon époux !

FLORVAL.

Ton époux ! tu les as trahis les devoirs sacrés
que ce titre t'imposoit ; tu les as rompus les liens
qui t'attachoient à ma destinée : tu ne triomphe-
ras pas de ta trahison.

EMILIE *à demi-évanouie*

Je me meurs, hélas !

FLORVAL *avec un cri.*

Emilie ! . . . . que fais-je ? . . . . . Dieu, quelle
foiblesse.

EMILIE *pleurant.*

Pourquoi me rappeller à la vie ! . . . cruel ! quand
tu me donne la mort ?

FLORVAL.

Oui , ... je devrois laver dans ton sang l'outrage
qui me deshonore . . . . Si je cédois aux transports de
ma colere . . . .

EMILIE.

Frappe . . . . .

FLORVAL, *avec une espece d'attendrissement.*

Esperes-tu me tromper encore ! toi que j'ai tant
aimé.

aimé!..... toi pour qui j'aurois donné cent fois ma vie !.... ah ! aurois-je pu prévoir ! .... aurois-je pu te croire capable d'une perfidie.... si noire.

EMILIE.

Frappe, frappe dis-je , mais respecte ma vertu.
FLORVAL.

Ta vertu ! ce mot réveille toute ma rage.......
va.... je t'abandonne à toi-même ; ton cœur deviendra ton propre bourreau. Désormais étrangere pour moi, tu pourras te couvrir d'opprobre sans me faire rougir. (*Elle embrasse ses genoux.*) Laisse-moi. (*Il sort.*)

SCENE III.
EMILIE.

DE quel crime oseroit-il m'accuser ? ... Reviens ; barbare ! permets que je me justifie. Rends moi ta tendresse, ou donne moi la mort.

SCENE IV.

EMILIE, VALERE.

VALERE.
MAdame, quel nouveau malheur!....

C

EMILIE.

Il fort d'ici,.... il eft dans un état.....; il ne fe connoît plus.....

VALERE.

Ce trouble qui vous agite m'effraie, Madame; où eft Florval ?

EMILIE.

Il fort fans m'entendre, je crains tout de fa rage.... au nom de l'amitié ne l'abandonnez pas à fon défefpoir. Suivez-le, ne le quittez pas..... il peut, dans fon égarement, fe porter à des extrémités.

VALERE.

Vous me faites frémir ; de quel effroi votre ame eft-elle faifie ?

EMILIE.

La fienne eft encore plus égarée. Si vous êtes fenfible à la pitié..... Valere ne différez pas : allez donc, il eft forti par-là ; ramenez-moi mon époux, ou je meurs.

VALERE.

Modérez votre douleur, j'y cours.

FLORVAL *paroît, il s'avance avec une fureur tranquille, lance un regard de colere fur* Emilie.

SCENE V.

VALERE, FLORVAL, EMILIE.

FLORVAL, *à Emilie.*

Laissez-nous.

EMILIE *en tremblant.*

Florval, écoutez...

FLORVAL, *d'un ton dur.*

Laissez-nous, vous dis-je. (*Elle obéit.*)

SCENE VI.

FLORVAL, VALERE.

FLORVAL.

Sais-tu quels sont les devoirs de l'amitié?

VALERE.

Je fais plus, je fais les exercer.

FLORVAL.

Celui qui, sous le nom de l'amitié, auroit séduit la femme de son ami?

C 2

VALERE.

Seroit un monftre, digne de l'exécration publique.

FLORVAL.

Hé bien, tu connois à ce portrait.

VALERE.

Qui ?

FLORVAL.

Toi.

VALERE.

Moi !

FLORVAL.

Toi, traître, qui fous une feinte amitié, eft
venu m'enlever le feul bien que la fortune eût ref-
pecté, mon honneur, l'honneur d'Emilie.

VALERE.

Infenfé ! c'eft donc là le motif de la fureur qui
t'anime ! va, tu me fais pitié.... Tu ofe foupçonner
la femme la plus vertueufe, l'ami le plus tendre.

FLORVAL.

Tu crois m'abufer par ce détour, & te fouftraire
à ma vengeance.

VALERE.

J'en dois une à ton outrage.

FLORVAL.

C'eft ?

VALERE.

De te faire rougir en te pardonnant.

FLORVAL.

J'admire avec quelle adreffe tu cherches à cal-
mer ma colere.

VALERE.

Je te braverois fi tu n'étois malheureux., mais
j'ai compaffion de ton état. Des injures que je ne
fupporterois pas dans un autre, je les pardonne à
mon ami dans l'infortune.

FLORVAL.

Ton ami! moi! perfide.

VALERE.

Tu m'infultes, & je vas te punir.... en me jufti-
fiant, je veux bien défcendre à des éclairciffemens
qui m'offenfent. Sur quoi portent tes foupçons ?
parle.

FLORVAL.

Ils font de nature à n'avoir befoin d'aucune
preuve ; ton crime m'eft connu.

VALERE.

Un crime! moi! j'aurois pu fouiller ma vie d'une
C 3

action malhonnête ! j'aurois pu ajouter aux malheurs de mon ami, par la trahison la plus noire! ah! que tu me connois mal ! écarte de tes yeux le bandeau qui t'aveugle , & juge moi de sang froid.

FLORVAL.

Peut-on joindre tant de dissimulation à tant de perfidie ? Traître , si je disois un mot , tu serois confondu.

VALERE.

Parle.

FLORVAL.

Non , je ne veux point te convaincre , je veux me venger , tes ruses sont inutiles; défens toi. (*Il met l'épée à la main.*)

VAELRE.

Hé bien percé, si tu l'oses , ce cœur qui te fut dévoué.

SCENE VII.

FLORVAL , VALERE, M. DE VIEUFORT.

M. DE VIEUFOT, *de la coulisse.*

HOlà hé! armes bas.

FLORVAL.

Tu me crois affez généreux pour ne pas t'arracher la vie. Lâche fuborneur, je te croyois du courage, tu ne mérités pas de mourir en homme d'honneur....(*Il veut fortir. M. de Vieufort l'arrête par le bras.*)

M. DE VIEUFORT.

Florval fe débarraffe de fes mains par un mouvement d'impatience. (*A Valere.*) Dis - moi donc quelle mouche le pique? je vous croyois amis.

VALERE.

Oui, je fuis fon ami, il eft injufte, il eft ingrat, mais il eft dans l'infortune. (*Il fort d'un autre côté.*)

M. DE VIEUFORT.

Belle raifon pour fe couper la gorge! Je crois qu'ils font fous l'un & l'autre.

SCENE VIII.

FLORIMOND, M. DE VIEUFORT.

FLORIMOND.

DE qui parlez-vous donc ?

M. DE VIEUFORT.

De deux étourdis qui fe feroient coupés la gorge
C 4

fi je ne fuffe arrivé. Je ne fuis pas de ceux qui ne veulent pas qu'on empêche les gens de fe battre lorfqu'ils en ont la fantaifie ; j'aime qu'on vive, moi, je crois que le premier devoir de l'humanité eft de veiller aux jours de nos femblables, le fe-cond de les foulager.

FLORIMOND.

Vous avez raifon. Connoiffez - vous ces deux hommes ?

M. DE VIEUFORT.

L'un eft ce Valere que vous avez vu & que vous trouviez fi fage.

FLORIMON, *avec émotion.*

L'autre ?

M. DE VIEUFORT,

N'allez-vous pas croire que c'eft votre fils ? C'eft un jeune homme maigre, une phifionomie trifte comme la vôtre, inquiet, colere.

FLORIMOND.

Eft-il étranger dans cette Ville ?

M. DE VIEUFORT.

Non, il eft de Paris, je crois.

FLORIMOND.

Le Ciel trompera-t-il toujours mes efpérances ! reverrai-je mon fils

M. DE VIEUFORT.

Bon , nous y voilà encore. Eh! laiffe là ton fils.
Tout le ramene à cette idée. Si on careffe un enfant, il fe plaint d'avoir perdu ce bonheur. Si
on en punit un autre.... Eh !.... diffipe ce noir chagrin qui te dévore, ton fils reviendra plutôt que tu
ne penfes, le libertinaga te l'a enlevé, la mifere
te le ramenera.

FLORIMOND.

Et voilà ce que je crains.

M. DE VIEUFORT.

En voici bien d'un autre; & pourquoi le cher-
che-tu donc?

FLORIMOND.

Je crains qu'en proie à toutes les horreurs de la
pauvreté, il ne languiffe dans quelque retraite écar-
tée, que fans appui , fans reffource , manquant de
tout , dévoré de chagrin , accablé d'infirmités, il
termine fa vie.... Hélas cette cruelle idée déchire
mon ame.... *avec un cri douloureux.* Savez - vous à
quoi l'extrême mifere peut entraîner un défef-
péré? ....

M. DE VIEUFORT, *avec émotion.*

L'éloquence de la douleur eft bien terrible!....
Vous me faites frémir, moi qui n'ai jamais trem-
blé de ma vie.... Mais croyez-moi ; les principes
de vertu qu'on imprime dans le cœur des enfants,

& qu'on raffermit par l'exemple , ne s'effacent jamais. Les paſſions peuvent nous égarer , mais il eſt un terme que ce frein redoutable ne permet ja-mais de franchir. Votre fils eſt coupable ſans doute, mais le crime lui ſera toujours étranger.

SCENE IX.

VALERE, FLORIMOND, M. DE VIEUFORT.

VALERE.

IL n'eſt pas chez lui ; où le trouverai-je ? le tems preſſe.

M. DE VIEUFORT.

Tenez , tenez , voilà un de ces forcenés , il cherche l'autre , je parie.

VALERE, à M. de Vieufort.

Eh ! oui je le cherche ; l'auriez-vous rencontré ?

M. DE VIEUFORT.

Et qui ?

VALERE.

Florval.

M. DE VIEUFORT.

Ne veux-tu pas comme tantôt ?

VALERE.

D'autres foins m'occupent.... J'ai placé des gens
fur fon paffage pour l'avertir.... Je l'attends ici,

M. DE VIEUFORT.

Pour te battre avec lui ?

VALERE.

Eh non, on a obtenu une fentence, on le pour-
fuit, on va venir.

M. DE VIEUFORT.

Eh bien, fi on le trouve ?

VALERE.

Si on le trouve ! on s'en faifira, on le conduira en
prifon.

FLORIMOND.

Quel crime a-t-il commis ?

VALERE.

Un crime ! il eft mon ami.

FLORIMOND.

Ce titre le juftifie. Mais qu'a-t-il fait ?

VALERE.

Des créanciers avides....,

FLORIMOND.

J'entends; il faudroit fufpendre leurs pourfuites.

VALERE.

Je les ai arrêtées jufqu'à ce jour , j'ai preffé , j'ai follicité ; laffés d'attendre , ils vont.... bientôt il ne fera plus tems.

FLORIMOND.

Cette douleur honore votre vertu , l'infortuné qui la caufe eft fans doute digne d'eftime , puifqu'il a votre amitié.

VALERE.

Il méritoit un meilleur fort. Je le connus par fa bienfaifance ; je le trouvai la premiere fois que je le vis dans un trifte réduit, confolant un vieux militaire , couvert de cicatrices , & fuccombant aux maux de l'indigence. Mon cœur frappé d'admiration , s'ouvrit à l'amitié. Je lui demandai la fienne, je l'obtins. Depuis ce tems je fus témoin mille fois de fon humanité , de fa vertu....

M. DE VIEUFORT.

Ne l'écoutez pas, il extravague. Cet homme dont il parle avec tant de chaleur , eft un furieux qui vouloit lui couper la gorge.

VALERE.

Oui, & il n'en eft que plus à plaindre. Un des effets cruels de la mifere , c'eft d'étouffer les vertus & de faite fortir les défauts. Il a une époufe vercueufe, & il la foupçonne d'infidélité ; un ami qui facrifieroit fa propre vie , & il l'accufe de trahifon....

FLORIMOND.

O amitié... doux lien des ames fenfible ;.... Hélas ! fi mon fils avoit au moins un ami...

VALERE.

Vous êtes attendri... vous connoiffez la nature...; votre cœur n'eft point fermé à l'humanité: pourquoi ne fe fait-elle pas entendre à tous les hommes ?... à ces créanciers barbares qui vont lui ravir fa liberté ? Peignez-vous mon ami au défefpoir , fe livrant aux tranfports de la fureur... fon époufe en larmes... défolée... des enfants au berceau...

FLORIMOND *pouffant un cri douloureux.*

Dieu! cé malheureux eft pere! ... (*après un filence.*) Homme généreux, allez confoler cette famille affligée... portez leur cet argent. (*Il donne fa bourfe , & fe détourne pour cacher fes larmes, & dit en fortant.*) Peut-être que mon fils eft dans un état plus affreux encore.

VALERE.

J'accepte vos dons pour Florval , Monfieur, mais en vous en répondant , le tems preffe... (*il fort.*) Permettez que je courre.

SCENE X.

M. DE VIEUFORT *seul.*

J'Admire le procédé de ce bon-homme, il paye les dettes d'un inconnu avec une émotion qui ré-jaillit sur moi-même. Il y a donc du plaisir à faire une bonne action ? Je suis fort aise de l'apprendre, j'en jouirai sur ma parole. Je me tuois à chercher des moyens de m'amuser & de me réjouir, lorsque j'avois sous la main cette source de bonheur. Par-bleu, je veux devenir bienfaisant aussi, & puis-qu'il y a de la satisfaction à voir faire aux autres des actions louables, on doit en ressentir bien davan-tage, lorsqu'on en fait soi-même.

ACTE TROISIEME.

SCENE PREMIERE.

VALERE *feul.*

ON ne rencontre que des obstacles, lorsque l'on veut faire du bien, & toutes les routes s'applaniffent pour le mal. Je n'ai pu mettre encore à profit la générofité de cet honnête homme. J'ai voulu arrêter toute pourfuite & payer moi-même ces créanciers inhumains. Je les cherche, & ne les trouve point. J'arrive, Florval & Emilie font abfens; j'en demande des nouvelles, on me regarde triftement, on m'évite.

SCENE II.

VALERE, EMILIE, Mde. DUVAL.

EMILIE.

C'En eft fait, on l'emmene, Dieu!

Mde. DUVAL.

Madame.

EMILIE.

Difpenfez-vous de vos foins, Madame, laiffez-moi à mon défefpoir, laiffez-moi.

VALERE.

Comment! Florval?

EMILIE.

On me dit qu'il eft rentré ; je cours dans fon appartement pour me juftifier, ou mourir à fes pieds. J'entre, il fe leve, je vole après lui, je l'appelle ; il eft fourd à ma voix : il fort, je cours précipitamment, ils le faififfent. Il tire fon épée ; effort inutile, accablé par le nombre, il eft défarmé. Je m'élance au milieu d'eux, je le cherche en vain, hélas ! je ne le vois plus... (*pleurant*) il eft dans un cachot & me croit criminelle.

VALERE.

Calmez-vous.

EMILIE.

Il ne fortira plus. Ses créanciers apprenant fon malheur, viendront en foule aggraver fa chaîne, & rendre fa prifon éternelle.

VALERE.

Hé bien, Madame, il me refte un moyen, & je vais l'employer. Je trouverai moi-même dans des ames fenfibles les reffources de l'amitié. Florval me

connîotra

connoîtra Calmez-vous, vous allez le voir à vos pieds, rougir de ses soupçons & rendre justice à vos vertus. *Il sort.*

SCENE III.

EMILIE, Mde. DUVAL.

Mde. DUVAL.

VOus pouvez compter sur son zele; il a promis de vous rendre votre époux, & il vous tiendra parole.

EMILIE.

Ah! il est impossible de le tirer de cet état.

Mde. DUVAL.

Eh! pourquoi? votre infortune est parvenue à son comble, elle ne peut que changer. Des jours plus heureux vont luire pour vous.

EMILIE.

Il ne sortira plus.

Mde DUVAL.

Encore un coup, Madame, espérez tout des soins de son ami. Vous intéressez tout ce qui vous environne. Dissipez ces allarmes, votre état me perce le cœur.

D

EMILIE.

Que je suis sensible à vos soins, Madame, vous me donnez quelqu'espoir : vous êtes touchée de ma triste situation. Ah ! pourquoi la nature n'a-t-elle placé la compassion que dans le cœur des personnes indigentes.

Mde. DUVAL.

Ah ! Madame, ce sentiment vaut mieux que la richesse.

SCENE IV.

M. DE VIEUFORT, EMILIE, Mde. DUVAL.

M. DE VIEUFORT.

AH ! je respire enfin ; si cela ne produit pas de la gaieté, c'est du bruit, au moins, c'est du fracas. On va, on vient, on court.

Mde. DUVAL.

Qu'y a-t-il, Monsieur de Vieufort, que nous annoncez-vous.

M. DE VIEUFORT.

Bonne nouvelle mon enfant. (*A Emilie.*) Et vous ne pleurez plus : allons de la joie.

EMILIE.

De la joie! hélas! ce fentiment n'eft plus fait pour mon cœur.

M. DE VIEUFORT.

Hélas! hélas! Oui de la joie, vous dis-je; écoutez. Valere qui vous quitte dans le moment, arrive: reprenez vos dons, dit-il au bon-homme, ils font inutiles. Qu'on arrête toute pourfuite, je ferai fa caution: le peu de bien que je poffede répondra de ce qu'il doit, je cours le délivrer.

EMILIE.

Dieu!

M. DE VIEUFORT.

Oh! c'eft alors que le fpectacle eft devenu attendriffant: vous euffiez vu les larmes couler de tous les yeux: moi-même qui vous parle, j'en étois ému. Touché de cette action, ce bon vieillard fait un cri, & embraffe Valere: il pleure & il l'embraffe encore. Il veut tout payer, dit-il, il veut votre bonheur: il répond pour Valere, il répond pour Fiorval, la joie eft univerfelle, Valere court la porter à fon ami, & moi je viens vous l'annoncer auffi pour vous tirer de cette trifteffe qui m'afflige, ca, voyez-vous, deux beaux yeux qui pleurent, en font pleurer d'autres, & de proche en proche, cela vous attrifte toute une maifon. Allons, Madame Duval, je veux les régaler tous pour le plaifir qu'ils m'ont

donné. Parbleu, la vertu eſt une belle choſe, puiſ-
qu'elle excite dans tous les cœurs un ſi vif intérêt

EMILIE.

Ah! je pourrois revoir mon époux!

M. DE VIEUFORT.

Eh oui, vous le reverrez, je vais moi-même au-
devant de lui, & s'il revient moins bruſque & moins
mauſſade, je ſerai le premier à l'embraſſer. (*Il ſort.*)

EMILIE.

Quel eſt donc, Madame, cette ame ſenſible au
plaiſir de ſoulager les malheureux ? quel eſt cet
homme ? vous ne m'en avez jamais parlé.

Mde. DUVAL.

C'eſt un vieillard reſpectable, arrivé chez moi depuis peu de jours.

EMILIE.

Conduiſez-moi à ſes pieds, que je puiſſe embraſſer les genoux de mon bienfaiteur.

Mde. DUVAL.

Je le vois qui s'avance.

EMILIE.

C'eſt là? ... Dieu, quel trouble me ſaiſit à ſon
aſpect.

SCENE V.

Mde. DUVAL, EMILIE, FLORIMOND.

FLORIMOND, *à Mde. Duval.*

EST-ce là cette femme vertueuse & infortunée ?

Mde. DUVAL.

Oui, Monfieur. (*A Florimond.*) Je vous laiffe avec elle & vais donner quelques ordres.

EMILIE *veut fe jetter à fes pieds.*

Monfieur, quelle reeconnoiffance !

FLORIMOND *la retient.*

Arrêtez... vous ne m'en devez aucune, j'ai rempli mes devoirs.

EMILIE.

Vos devoirs?

FLORIMOND.

Oui, & s'ils étoient connus de tous les hommes, il n'y auroit point de malheureux.

D 3

EMILIE.

Que ces fentimens font refpectables ! Homme
généreux, fi votre cœur eft agité quelquefois par
la fenfibilité, au moins ne l'eft-il jamais par les
chagrins & les remords.

FLORIMOND.

Exercé moi - même par l'infortune, je n'en
fuis que plus touché de celle des autres.

EMILIE.

Vous! & quelle ame criminelle pourroit troubler
votre repos ?

FLORIMOND.

Celui de qui j'attendois tout mon bonheur. Mon
fils, Madame.

EMILIE.

Votre fils ?

FLORIMOND.

Vous connoiffez peut-être la tendreffe paternelle,
Madame. Je vivois à Touloufe avec une époufe ché-
rie. Je fis des vœux pour avoir un gage de notre
union. Il naquit, ce fils qui m'a caufé tant de maux.
Je ne mis point ce dépôt en des mains étrangeres.
Elevé dans nos bras, nourri de nos careffes, Il devoit honorer mes cheveux blancs, & faire ma
confolation, après la perte d'une mere refpectable...

Elle mourut, & je perdis en même-tems la tendreſſe de mon fils. Une orpheline....

EMILIE *à part.*

Qu'entends-je!

FLORIMOND *eſſuyant ſes larmes.*

Pardonnez, ce ſouvenir m'arrache des larmes. Une orpheline qu'elle avoit reçue par compaſſion, corrompit ſon cœur, & empoiſona le mien. Dieu! protecteur des ames généreuſes, eſt-ce là la récompenſe aux vertus que tu ordonnes?

EMILIE.

Juſte Ciel!

FLORIMOND.

Madame, vous êtes trop jeune pour avoir éprouvé....

EMILIE.

Où ſuis-je?

FLORIMOND.

De quel trouble êtes-vous agitée?

EMILIE.

Ah! ſi vous ſaviez....

FLORIMOND.

Quel preffentiment ! de grace..... éclairciffez le trouble où je vous voi. Madame....

EMILIE.

Si cette femme que vous croyez coupable venoit à vos pieds.

FLORIMOND.

Que dit-elle ?

EMILIE.

Lui pardonneriez-vous...

FLORIMOND:

Moi ? Non, je me vengerois des maux qu'elle m'a faits.

EMILIE.

Eh bien! vous la voyez : vengez-vous.

FLORIMOND.

Quoi! vous feriez?

EMILIE.

Oui, je fuis cette infortunée.

FLORIMOND, *avec fureur.*

Qu'as tu fait de mon fils, femme cruelle ?

EMILIE.

Votre fils portoit la peine de fa défobéiffance, il gémiffoit dans une prifon. Vos bienfaits....

FLORIMOND, *avec un cri.*

Jufte Ciel, c'étoit pour lui....

EMILIE.

Il n'a point ceffé de vous aimer... c'eft moi feule qui ai fait fon crime, feule je dois en porter la peine. Pere infortuné, je ne troublerai plus votre repos. Un azile dans une retraite obfcure, eft la feule grace que je veux obtenir. J'attendrai dans les larmes & le filence, la fin de mes jours malheureux..... (*en s'attendriffant toujours davanrage.*) Mais lorf-que je ne ferai plus, ô mon pere, ayez pitié du moins des tendres fruits d'un hymen... victimes innocen-tes.... O mes enfants ! mes enfants !

SCENE VI.

FLORIMOND , EMILIE , FLORVAL, M DE
VIEUFORT , VALERE.

FLORVAL *fans voir* FLORIMOND:

M On ami ! elle verfe des larmes , courons la confoler. Emilie. (*Lui ferrant la main, & fetenant cour-
bé devant elle.*)

EMILIE.

Ceffez , ceffez ? Florval , vous irritez encore.....

FLORVAL.

Non, non, tout eft oublié. Va je détefte mon in-
juftice. J'ai pu offenfer mon ami , foupçonner mon
époufe !

EMILIE.

Je ne la fuis plus.

FLORVAL.

Toujours, toujours tu es à moi : pardonne mes
fureurs, pardonne , chere époufe , ou je meurs à tes
pieds... Aidez-moi mon ami. (*Il fe tourne & voit fon
pere.*)

FLORIMOND *avec éclat.*

Malheureux !

FLORVAL.

Mon pere !

M. DE VIEUFORT ET VALERE.

Son pere !

FLORIMOND.

Le voilà donc rempli le fort que le Ciel devoit à tes égaremens. Il me venge ! fils ingrat, traînes à jamais dans la baffeffe ta vie malheureufe. Vas, pleure en larmes de fang la perte de ton pere ; je t'abandonne.

FLORVAL.

Ah ! mon pere ! arrêtez !

M. DE VIEUFORT.

Parbleu, les hommes font de grands fous, il vient à Paris pour fon fils, il le fait chercher avec la plus grande inquiétude, il le trouve, & voilà comme il l'accueille.

FLORVAL.

Vous me faifiez chercher ! Dieu ! eft-il poffible, mon pere ! .... votre cœur n'eft point inéxorable, vous vous laifferez fléchir à mes larmes : vous ferez touché de mes malheurs : Mon ami, Monfieur, Emilie, joignez-vous à moi, embraffez fes genoux.

VALERE.

Homme bienfaisant , ne démentez pas les sen-
timens que vous avez fait paroître. Votre généro-
sité vous portoit à soulager un inconnu , seriez-vous
plus cruel pour votre fils.

FLORIMOND *pleurant.*

Laissez-moi , laissez-moi.

M. DE VIEUFORT.

Allons, puisque le voila , puisqu'il veut être
sage , grace , grace , amnistie générale.

FLORVAL.

Mon pere !

FLORIMOND.

Qu'oses-tu demander ?

FLORVAL *en montrant son épouse.*

Ma grace , la sienne : approuvez des nœuds qui
ne peuvent être heureux sans votre aveu.

VALERE.

Je puis vous répondre qu'elle a tout employé
pour détourner les malheurs qui menaçoient votre
fils. Je l'ai vu embrassant tendrement son époux,
le conjurer avec douceur de quitter des amis perfides qui l'égaroient ; je l'ai vu donner à son mari le
courage qu'il avoit perdu , le consoler , le soutenir ,

lui inspirer une fermeté, des espérances qu'elle n'avoit pas elle-même. Dans cet état douloureux, je l'ai vue encore se défaire successivement de tout ce qu'elle possédoit, pour lui dérober le tableau de sa misere...Si je vous disois que le modeste habit qu'elle porte est le seul....

FLORVAL.

Ah! mon pere!

FLORIMOND.

Cruels enfants ! Hé bien.... qu'elle soit ma fille; qu'elle vienne ! je lui pardonne.

FLORVAL & EMILIE *s'élançant dans les bras de Florimond.*

Dieu!

M. DE VIEUFORT.

A la bonne heure, cela.

FLORIMOND.

Soyez heureux. N'oubliez jamais mes chagrins & vos malheurs : puisse votre exemple apprendre aux enfants, combien il est dangereux de s'écarter de l'obéissance paternelle & du chemin de la vertu.

F I N.

www.ingramcontent.com/pod-product-compliance
Lightning Source LLC
LaVergne TN
LVHW022138080426
835511LV00007B/1167